L'HISTOIRE DU HIP-HOP

VOLUME 1

ERIC REESE

Droit d'auteur © 2017 par Eric Reese

Tous droits réservés.

Aucune partie de ce livre ne peut être reproduite sous quelque forme ou par quelque moyen électronique ou mécanique que ce soit, y compris les systèmes de stockage et de récupération de l'information, sans l'autorisation écrite de l'auteur, à l'exception de l'utilisation de brèves citations dans une critique de livre.

TABLE DES MATIÈRES

Introduction vii

1. 1980s — 1
2. Style années 80 — 3
3. Objectif des années 90 — 5
4. Interprétation de la musique dans les années 90 — 6
5. Le sort du hip-hop — 7
6. Connexion sociale — 8
7. Politique — 9
8. Le hip-hop est un art — 10
9. Motif — 11
10. Texture — 12
11. Dans le monde entier — 13
12. Mode urbaine — 15
13. Innovation et revitalisation — 16
14. L'essor du hip-hop dans les années 2000 — 18
15. À quoi sert le hip-hop ? — 20
16. Histoire : 1925 - 2000 — 22
17. Moments de l'histoire de la culture pop — 38
18. Terminologie — 49
19. Le terme : Hip-Hop — 51
20. Les racines du hip-hop dans les années soixante-dix — 53
21. L'influence du disco — 57
22. Passage à l'enregistrement — 59
23. Nationalisation et internationalisation — 64
24. Early New School — 67
25. L'âge d'or — 69
26. Gangsta Rap & West Coast — 71
27. Hip Hop mondial — 74

28. Aperçu du hip-hop de la côte ouest   78
29. Aperçu du hip-hop de la côte Est   80
30. Diversification des styles   83
31. À travers le monde   86
32. Glitch Hop et musique bizarre   89
33. Crunk et Snap Music   91

Pour tous les vrais fans de hip-hop du monde entier !

INTRODUCTION

Qu'est-ce que le Hip Hop ? Le mot peut signifier beaucoup de choses pour différentes personnes. Pour certains, c'est un mode de vie. Pour d'autres, il s'agit simplement d'un genre musical, vénéré par les uns et rejeté par les autres. Une chose est sûre : le Hip Hop a une longue histoire, qui audiblement et visiblement raconte les récits de milliers de vies en milieu urbain. Alors, de quoi s'agit-il exactement ?

Le Hip Hop a vu le jour dans les années 1970 à New York City, plus précisément dans les quartiers majoritairement afro-américains du Bronx et de Brooklyn. Les DJ utilisaient des platines pour créer une musique fusionnée à partir de disques séparés. Ils créaient un rythme à l'aide de ces "beats" et ajoutaient une poésie lyrique sur les sons mixés pour former ce qui est l'essence même de la fondation de toute la musique hip-hop et rap d'aujourd'hui.

Introduction

Depuis ces débuts, le Hip Hop s'est considérablement étendu. Bien qu'à l'origine il s'agissait d'une forme de poésie musicale, il a développé plusieurs sous-genres tels que le "crunk", le "gangsta rap", et bien d'autres. La musique crunk, ou crunk rap, est un style de hip-hop qui a émergé dans le sud des États-Unis. Ses hymnes puissants et ses chansons de foule sont spécifiquement conçues pour faire bouger les pistes de danse. Le gangsta rap, quant à lui, est né à Los Angeles et à New York City dans les années 1980, et se caractérisait par des rythmes percutants qui dépeignaient la vie dans le ghetto.

Entre le milieu des années 1980 et le début des années 1990, le hip-hop a commencé à se métamorphoser. L'art du MCing a pris de l'ampleur alors que les artistes accordaient plus d'attention à la structure des chansons avec des refrains de 4 mesures et des couplets de 16 mesures, ainsi qu'à des narrations descriptives dans leurs rap. Les rappeurs pionniers utilisaient des jeux de mots. Les MCs ont expérimenté des techniques telles que les rimes internes et les rimes en chaîne, s'éloignant des rimes traditionnelles en fin de vers. Le hip-hop a évolué, passant du break beat aux influences soul, funk et jazz.

Lorsque les grandes maisons de disques ont commencé à chercher des artistes hip-hop, le genre a connu une croissance fulgurante et a fait son entrée dans les médias télévisés avec des programmes comme MTV et BET. Run, une légende du hip-hop connue sous le nom de Run-DMC, a un

Introduction

jour déclaré : "À une époque où le hip-hop devenait vraiment populaire dans les cinq arrondissements de New York, Bambaataa, Grandmaster Flash, tout le monde a commencé à s'habiller avec style parce qu'ils avaient un peu d'argent. Les Cold Crush Brothers venaient aux fêtes et assuraient le spectacle."

Depuis son apparition dans les années 1970, le Hip Hop a connu des changements et une évolution considérables. Bien qu'il se présente sous de nombreuses formes, le hip-hop sert toujours de miroir à l'extérieur du monde de la culture afro-américaine, pour le meilleur ou pour le pire. Alors qu'il continue d'évoluer à travers les années 2000, le hip-hop demeure à la fois un mode de vie et un style musical qui rend hommage à sa culture tout au long de ses trente ans d'histoire.

1

1980S

Le rap n'a vraiment émergé qu'au début des années 1980, en raison de la domination de la musique disco. À cause des inégalités et de l'ordre établi, les jeunes hommes talentueux mais sans moyens financiers ont dû se débrouiller avec le peu de ressources qu'ils avaient, tout en mettant leur poésie au premier plan de leurs priorités. Les B-Boys venaient des ghettos, tandis que la musique disco était associée à la classe moyenne et aux riches. Cependant, le hip-hop était présent dans ces deux mondes. C'était une guerre culturelle entre les rappeurs disco et les B-Boys. Les années 80 ont marqué une nouvelle ère : l'Est contre l'Ouest, avec les nouveaux artistes californiens semblant surpasser leurs homologues sur le plan commercial et des ventes. Cette décennie a apporté une nouvelle influence sonore et culturelle innovante à la communauté hip-hop, connue sous le nom de l'âge d'or du hip-hop. Les artistes célèbres de cette époque incluent Run D-M-C, Public Enemy, Slick Rick, Salt-N-Pepa et Big Daddy Kane.

En 1981, Afrika Bambaataa a révolutionné le son du hip-hop en créant un beat électro-funk pour la chanson "Planet Rock". Cela a encouragé une créativité similaire à travers le monde du hip-hop, où d'autres artistes ont développé leur propre style musical, comme le groupe de rap Run DMC, qui a inventé le "Rap Rock" (une fusion d'éléments vocaux et instrumentaux du hip-hop combinés à des formes de rock 'n' roll). Cette innovation créative au cours des années 80 est à l'origine du nom "Âge d'or".

Dans les années 80, le hip-hop s'est moins concentré sur la politique et l'aspect marketing de l'industrie musicale, et s'est davantage tourné vers le contenu lyrique et la qualité globale de la musique. Par exemple, avant l'instauration de frais de royalties pour l'utilisation d'extraits de musique préenregistrée, les rappeurs avaient plus de liberté créative car ils pouvaient échantillonner librement. "Les entreprises ont tué l'esprit créatif de la musique dans le hip-hop."

2

STYLE ANNÉES 80

Les premières rappeuses comme Roxanne Shante, MC Lyte et Queen Latifah ont influencé les tendances de la mode féminine. De même, la série de films « *Breakin' and Breakin' 2 : Electric Boogaloo* » a montré aux gens ce qu'il fallait porter et le langage argotique à utiliser pour être à la mode et branché. Les rappeurs de l'époque avaient tendance à porter du cuir, des boutons, des bracelets et des chaînes. Les artistes hip-hop arboraient souvent de grosses pièces de bijoux en or dans les années 80, et il y a eu une forte tendance à porter des baskets (telles que les Air Jordans et les Adidas shell tops) à la fois pour le sport et comme accessoire de mode.

L'afrocentrisme et la Nation of Islam ont connu un essor considérable dans les années 1980, de sorte qu'un nombre croissant d'hommes afro-américains ont commencé à porter le tissu kente. Les femmes de la communauté hip-hop portaient de grosses boucles d'oreilles en or pour symboliser le prestige et la richesse, ainsi que des vêtements aux couleurs vives et néon. Le *color blocking* (technique consistant à combiner différentes couleurs et matières dans une seule pièce) a été introduit dans la communauté hip-hop dans les années 80.

La coupe « Hi-Top Fade » était une coiffure très populaire dans les années 80, qui a été adoptée par la communauté urbaine.

3

OBJECTIF DES ANNÉES 90

Thématiquement, le hip-hop a dépassé les rimes partielles et les battles de rap qui ont marqué ses débuts, pour inclure une variété de sujets allant des politiques nationalistes noires à l'idéologie Five-Percenter, en passant par les récits de la vie criminelle souterraine.

• Yale (The Anthology of Rap)

Le hip-hop des années 1990 a servi de plateforme pour exprimer des idées politiques et sociales, et a également permis de mettre en avant la culture afro-américaine.

4

INTERPRÉTATION DE LA MUSIQUE DANS LES ANNÉES 90

Rakim a apporté les significations profondes du rap. Les rythmes du Jazz faisaient leur entrée dans la musique. Il utilisait beaucoup de métaphores. Par exemple, au lieu d'utiliser une image désuète de la drogue, Rakim dans "Microphone Fiend" crée une chanson autour d'une métaphore : "J'étais un accro avant de devenir ado, je fondais pour les micros au lieu des cônes de crème glacée". C'était l'une des meilleures chansons de rap de tous les temps.

5

LE SORT DU HIP-HOP

Hip-hop est né d'une culture imprégnée d'un sentiment de désillusion. Après la Seconde Guerre mondiale, de nombreux réfugiés noirs se sont installés dans les centres urbains à travers l'Amérique. C'est dans un de ces centres urbains, situé dans le Bronx à New York, que le hip-hop a vu le jour. Les jeunes se rassemblaient aussi dans les parcs pour rapper sur des rythmes et des mélodies. Le rap était au cœur de cette culture, mais le hip-hop était plus qu'une simple musique.

6

CONNEXION SOCIALE

Bonjour-Hip-Hop était vu comme un exutoire pour les personnes de couleur en colère. Ils étaient en colère car ils étaient pauvres, noirs, privés de leurs droits, victimes d'abus, ignorés, etc. À cette époque, les tensions raciales étaient à leur comble. Les personnes de couleur étaient furieuses envers les Blancs des classes moyennes et supérieures, car elles étaient principalement exclues de la société moderne, ce qui se manifestait par des salaires inéquitables et un manque d'accès à des emplois bien rémunérés.

7

POLITIQUE

La majorité des politiciens étaient des hommes blancs et riches. Les problèmes liés à la ségrégation étaient encore visibles, bien que l'ère des droits civiques fût révolue. Les opportunités économiques intéressantes étaient très difficiles à trouver dans les centres-villes, car les Blancs avaient déménagé vers les banlieues avec leurs grandes entreprises. Cette situation a créé un problème majeur pour les populations défavorisées, qui devaient soit effectuer de longs trajets pour accéder à des emplois bien rémunérés, soit se contenter de salaires moins élevés.

8

LE HIP-HOP EST UN ART

L'art urbain ou de rue qui tournait autour du Hip-Hop pendant les années 1980 n'était généralement pas accepté par la majorité. Les graffitis étaient considérés comme du vandalisme par la police et de nombreux habitants de la ville. Ce qu'ils n'ont pas compris, c'est qu'une nouvelle génération de citadins y voyait un art.

9

MOTIF

Le motif premier du hip-hop était d'exprimer la colère des personnes de couleur face au système et au "système". Les artistes ont utilisé leur musique pour mettre en lumière les problèmes de justice sociale et les enjeux qui devaient être abordés.

10

TEXTURE

Au début, les rappeurs généralement rappaient sur des rythmes artificiels (beatboxing) et empruntaient des mélodies. Il s'agissait de la production de sons, plutôt que de l'arrangement d'instruments, jusqu'à la fin des années 1970.

11

DANS LE MONDE ENTIER

- L'un des pays en dehors des États-Unis où le hip-hop est le plus populaire est le Royaume-Uni.

- Le hip-hop s'est mondialement répandu dans de nombreuses cultures, comme le montre l'émergence de scènes d'art graffiti régionales.

- Le Hip Hop est apparu comme un mouvement culturel mondialement inspiré des racines de la culture hip-hop : la lutte et le combat.

- L'inspiration du hip-hop varie en fonction de la culture et du lieu.

- Ce que tous les artistes de rap à travers le monde ont en commun, c'est qu'ils reconnaissent les Afro-Américains de New York comme les créateurs de cet art.

- Le hip-hop est parfois tenu pour acquis par les Américains, mais ce n'est pas le cas ailleurs, surtout dans le monde en développement, où il représente l'autonomisation des opprimés et une part du rêve américain.

12

MODE URBAINE

Vêtements extra larges, maillots de bain, bijoux en or clinquants, grills dentaires, débardeurs, do-rags, survêtements, casquettes de seau, et casquettes de basketball étaient les tendances des premiers jours. Aujourd'hui, les artistes ont des tatouages, portent des pantalons slim, des coupes de cheveux avec la tête à moitié rasée, des vestes de sport, des chemises à manches longues, des t-shirts imprimés, des casquettes de baseball, des vestes de baseball, des Jordan, des Vans, des Nike SB, et des sweat-shirts à capuche. Les artistes ont également rendu populaires des marques telles que Gucci, Michael Kors, Fendi et Louis Vuitton au sein des communautés de couleur.

13

INNOVATION ET REVITALISATION

Avec l'utilisation de la distribution de musique à travers Internet, de nombreux artistes de rap alternatif trouvent des fans en touchant un public vaste sur Soundcloud, Spotify, Amazon, et d'autres plateformes de distribution musicale. Des artistes hip-hop tels que Kid Cudi et Drake ont réussi à atteindre des chansons à succès en tête des classements, "Day 'n' Night" et "Best I Ever Had" respectivement, en publiant leur musique gratuitement sur des mixtapes en ligne sans l'aide d'une grande maison de disques.

Wale, J. Cole, Lupe Fiasco, The Cool Kids, Jay Electronica, et B.o.B ont été remarqués par les critiques pour leur expression de sons éclectiques, d'expériences de vie et d'émotions rarement ressenties dans le hip-hop grand public.

Le hip-hop est également utilisé dans les chansons rock modernes. Kanye West, Jay-Z, OutKast, Tupac, et Eminem sont parmi les artistes les plus vendus de tous les temps. Bon nombre de leurs collaborations impliquent un mélange d'artistes hip-hop, pop, soul et R&B, qui ont généré des millions de revenus.

14

L'ESSOR DU HIP-HOP DANS LES ANNÉES 2000

- La popularité de la musique hip-hop a connu une forte croissance au cours des années 2000.

- Dr. Dre est resté l'une des figures majeures du hip-hop en termes de production et de création de rythmes au début du millénaire.

- C'est lui qui est responsable de la célébrité de Marshall Mathers (Eminem).

- L'influence du hip-hop s'est également de plus en plus fait sentir dans la pop grand public durant cette période.

- La musique crunk a gagné en popularité grâce à des artistes comme Lil Jon et les Ying Yang Twins.

- Jay-Z a représenté la consécration culturelle du hip-hop des années 2000.

- Le hip-hop alternatif a connu le succès avec des groupes tels que The Roots, Dilated Peoples, Gnarls Barkley, et Mos Def qui ont acquis une certaine renommée.

15

À QUOI SERT LE HIP-HOP ?

Le hip-hop a donné aux jeunes hommes noirs une voix pour être entendue, surtout lorsque les médias technologiques sont devenus plus accessibles. Le rap a également offert à certains l'opportunité de faire plus que simplement commettre des crimes pour survivre.

En mettant l'accent sur la conscience noire et le nationalisme, les artistes hip-hop abordaient souvent la pauvreté en milieu urbain. Cela a attiré un grand nombre d'auditeurs vers le genre, qui étaient touchés et concernés par le fléau de l'alcool, des drogues et des gangs dans leurs communautés.

La chanson la plus influente de Public Enemy est sortie à une époque difficile en Amérique, intitulée "Fight the Power". Ce morceau s'adresse au gouvernement américain, proclamant que les gens du ghetto ont la liberté d'expression et des droits comme n'importe quel autre citoyen américain. Une des paroles de la chanson, "On doit propager la parole pour nous renforcer de l'intérieur", a capté l'attention des auditeurs et leur a donné la motivation de s'exprimer.

16

HISTOIRE : 1925 - 2000

Si vous commencez par le passé et que vous travaillez jusqu'au présent, l'histoire du hip-hop s'étend dans toutes les directions. Elle remonte aux années 1920, lorsque les premiers mouvements de danse hip-hop ont été introduits dans les boîtes de nuit et les émissions télévisées. Ensuite, il a atteint l'ère du Jamaica dancehall des années 1950 et 1960. C'est ainsi qu'est née l'ère des Last Poets, de Muhammad Ali et de Gil Scott-Heron, qui récitait des poèmes sur des rythmes. Puis il y a eu les âges d'or de Rakim, Kool G Rap, LL Cool J dans les années 80 jusqu'à Nas, Prodigy de Mobb Deep, Jay-Z dans les années 90, et aujourd'hui Jadakiss et Dave East.

1925 : Earl Tucker (aka Snake Hips), un performer au Cotton Club, invente un style de danse similaire aux mouvements hip-hop d'aujourd'hui. Il incorpore des mouvements de glisse et de flottement dans sa danse. Des mouvements similaires inspireront plus tard un élément de la culture hip-hop connu sous le nom de breakdance.

1940 : Tom the Great (alias Thomas Wong) utilise un système sonore en plein essor pour ravir son public. Wong utilise également des disques hip-hop américains pour voler les mélomanes aux concurrents et aux groupes locaux.

1950 : Le Soundclash contest entre Coxsone Dodd's "Downbeat" et Duke Reid's "Trojan" donne naissance au concept de battle de DJ.

1956 : Clive Campbell est né à Kingston, en Jamaïque. (Campbell deviendrait plus tard le père de ce que nous connaissons aujourd'hui comme le hip-hop.)

1959 : Le commissaire des parcs Robert Moses commence à construire une voie rapide dans le Bronx. En conséquence, les quartiers de classe moyenne allemands, irlandais, italiens et juifs disparaissent progressivement. Les entreprises se relocalisent loin du borough pour être remplacées par des familles afro-américaines et hispaniques appauvries. Avec la pauvreté vient l'addiction, le crime et le chômage.

1962 : James Brown enregistre "Live At The Apollo". Le batteur de Brown, Clayton Fillyau, introduit un son qui est maintenant connu comme le breakbeat. Ce breakbeat inspirera plus tard le mouvement b-boy, car les danseurs dansaient sur ces rythmes lors de fêtes de quartier.

1967 : Clive Campbell migre vers les États-Unis à l'âge de 11 ans. En raison de sa grande taille, les enfants de l'Alfred E. Smith High School le surnomment Hercule. Il devient plus tard un graffeur et change son nom en Kool Herc.

1968 : Un gang nommé Savage Seven envahit les rues du Bronx Est. Savage Seven change plus tard son nom en Black Spades, avant de devenir finalement une organisation connue sous le nom de Zulu Nation.

1969 : James Brown enregistre deux chansons qui pourraient influencer la programmation de la batterie dans le rap d'aujourd'hui - "Sex Machines" avec John Starks à la batterie et "Funky Drummer" avec Clyde Stubblefield à la batterie.

1970 : DJ U-Roy envahit les charts jamaïcains avec trois chansons du top 10 en utilisant un style connu sous le nom de toasting. The Last Poets sortent leur premier album éponyme sur Douglas Records, combinant des instruments de jazz et des paroles sincères. (The Last Poets apparaîtra plus tard sur l'hymne au rap de Common en 2005, "The Corner").

1971 : Aretha Franklin enregistre une chanson b-boy bien connue, "Rock Steady". Le groupe Rock Steady allait ensuite dominer le monde du breakdance, avec des membres du monde entier.

1972 : Les Black Messengers (un groupe qui a organisé des performances pour les Black Panthers et des rassemblements liés au mouvement Black Power) apparaissent dans The Gong Show. Cependant, ils ne sont autorisés à se produire que sous l'alias "Mechanical Devices", en raison de leur nom controversé.

1973 : DJ Kool Herc organise sa première block party (la naissance de sa sœur) au 1520 Sedgwick Avenue, Bronx, NY. Herc achetait souvent deux copies d'un disque et étirait les parties de break en utilisant deux platines et en mixant les deux disques avant la fin du break. La Zulu Nation est officiellement formée par un étudiant du lycée Stevenson nommé Kevin Donovan. Donovan change plus tard son nom en Afrika Bambaataa Aasim en l'honneur d'un ancien chef zoulou.

1974 : Après avoir vu DJ Kool Herc se produire lors de block parties, Grandmaster Caz, Grandmaster Flash et Afrika Bambaataa commencent à jouer lors de fêtes dans tous les quartiers du Bronx. À cette époque, le DJ/MC/Crowd Pleaser Lovebug Starski commence à désigner cette culture comme "Hip-Hop".

1975 : Herc est DJ au club Hevalo. Il engage ensuite Coke La Rock pour prononcer des rimes qui plaisent à la foule lors de soirées (par exemple, "DJ Riz est dans la maison et il va tout donner sans aucun doute"). Coke La Rock et Clark Kent forment la première équipe d'animateurs connue sous le nom de Kool Herc & The Herculoids. DJ Grand Wizard Theodore a accidentellement inventé le "scratch". Alors qu'il essayait de maintenir un disque tournant en place pour écouter sa mère, qui lui criait, Grand Wizard a accidentellement causé le disque à produire le son "shigi-shigi" qui est maintenant connu comme le scratch. Le scratch est le point central du deejaying moderne.

1976 : DJ Afrika Bambaataa se produit au Bronx River Center. Le premier battle de Bambaataa contre Disco King Mario déclenche le DJ battling qui est maintenant intégré dans la culture.

1977 : Le Rock Steady Crew (l'équipe de b-boy la plus respectée de l'histoire) est formée par les quatre membres originaux : JoJo, Jimmy Dee, Easy Mike et P-Body. DJ Kool Herc est presque poignardé à mort lors de l'une de ses fêtes. Bien que l'agression ait mis un terme définitif à la carrière de Herc, Grandmaster Flash, Afrika Bambaataa, Disco Wiz (le premier DJ latino), et Disco King Mario ont continué à se produire autour de l'événement.

1978 : Kurtis Blow, qui était géré par Russell Simmons, décide d'engager le frère de Simmons, Run, comme son DJ. Run était surnommé ainsi parce qu'il pouvait couper rapidement entre deux platines. Kurtis devient plus tard le premier rappeur à signer un contrat majeur. L'industrie de la musique invente le terme "rap music" et change son orientation vers les animateurs. Grandmaster Caz (aka Casanova

Fly) et Bambaataa s'engagent dans un battle à la Police Athletic League.

1979 : Grandmaster Flash forme l'un des groupes de rap les plus influents de tous les temps, The Furious 5 : Grandmaster Flash (Joseph Saddler), Melle Mel (Melvin Glover), Kidd Creole (Nathaniel Glover), Cowboy (Keith Wiggins), Raheim (Guy Williams) et Mr. Ness (Eddie Morris). À peu près au même moment, un autre grand groupe de rap - The Cold Crush Four - est formé, composé de Charlie Chase, Tony Tone, Grand Master Caz, Easy Ad, JDL et Almighty KG. Le premier disque de rap par un groupe non-rap, "King Tim III", est enregistré par le Fatback Band. "Rapper's Delight" de Sugarhill Gang devient le premier tube de rap connu, atteignant la 36e place du classement Billboard. Divers singles de rap obscurs sont également publiés : "Super-Rappin" de Grandmaster Flash & The Furious 5 et "Spoonin' Rap" de Spoonie Gee, tous deux sur Enjoy Records, "Christmas Rappin" de Kurtis Blow sur Mercury Records, et "Adventures of Super Rhymes" de Jimmy Spicer, un morceau de 13 minutes, sur Dazz Records. "Rap Attack" de M. Magic devient le premier show de radio hip-hop sur WHBI.

1980 : Afrika Bambaataa et la Zulu Nation sortent leur premier 12" intitulé "Zulu Nation Throwdown Pt. 1" sur Paul Winley Records. Kurtis Blow, le premier rappeur à apparaître à la télévision nationale (Soul Train), sort "The Breaks" sur Mercury Records. Ce disque se vend à plus d'un million d'exemplaires. Le hip-hop évolue progressivement en une grande entreprise. Après avoir rencontré Fab 5 Freddy et d'autres, Blondie sort "Rapture" avec des paroles de rap chantées par Debbie Harry.

1981 : Grandmaster Flash publie "The Adventures of Grandmaster Flash on the Wheels of Steel", le premier disque à capturer définitivement le son du scratch en direct. Le 14 février, The Funky 4 plus One interprète son tube classique, "That's The Joint", sur NBC's Saturday Night Live, devenant ainsi le premier groupe de hip-hop à apparaître à la télévision nationale. Les Beastie Boys sont formés. Ce groupe est composé d'Adam Horovitz (King Ad-Rock), Adam Yauch (MCA) et Michael Diamond (Mike D).

1982 : Afrika Bambaataa et le Soul Sonic Force sortent le techno-heavy "Planet Rock" sur Tommy Boy Records. Le disque échantillonne des parties de "Trans-Europe Express" de Kraftwerk. Grandmaster Flash & the Furious 5 sortent "The Message" sur Sugarhill Records. Kool Moe Dee humilie Busy Bee lors d'un battle de rap spontané. Depuis lors, le battle de rap est devenu une partie intégrante du hip-hop. Fab 5 Freddy et Charlie Ahearn coproduisent "Wild Style", un film hip-hop avec Cold Crush Brothers, Grandmaster Flash, Grandwizard Theodore, DJ AJ, Grandmixer D.S.T, les auteurs Lee, Zephyr, Fab 5 Freddy, Lady Pink, Crash, Daze, Dondi et des membres du Rock Steady Crew. "Wild Style" a depuis inspiré plusieurs autres films à thème hip-hop.

L'histoire du Hip-Hop

1983 : Ice T aide à lancer le gangsta rap sur la côte ouest avec ses singles "Body Rock" et "Killers". Grandmaster Flash et Melle Mel (Furious 5) enregistrent le single anti-cocaïne "White Lines (Don't Do It)", qui devint un tube de rap. Grandmaster Flash poursuit plus tard Sugarhill Records pour 5 millions de dollars de royalties. Le conflit provoque la dissolution du groupe, signalant le danger imminent du contrôle de l'entreprise dans le hip-hop. Run DMC sort "It's Like That" b/w "Sucker MC's".

1984 : Russell Simmons et Rick Rubin s'associent pour lancer l'un des labels de disques les plus importants de tous les temps, Def Jam Records. Def Jam sort son premier disque, "It's Yours" de T La Rock, suivi de "I Need A Beat" de LL Cool J. Le hip-hop découvre que les tournées sont un excellent moyen de générer des revenus, car le concert Fresh Fest avec Whodini, Kurtis Blow, Fat Boys et Run DMC rapporte 3,5 millions de dollars pour 27 dates. Le battle rap attire l'attention du public dans le hip-hop, car le "Roxanne Roxanne" de UTFO attire plus de 100 réponses. La réponse la plus populaire vient d'une jeune fille de 14 ans nommée Roxanne Shante. Le "Roxanne's Revenge" de Shante, enregistré dans le salon de Marley Marl, se vend à plus de 250 000 exemplaires. Doug E. Fresh (aka The Entertainer) sort "The Original Human Beat Box" sur Vintertainment Records. Michael Jackson fait le moonwalk aux Grammys, empruntant des éléments de danse b-boy aux briseurs de Los Angeles.

1985 : Sugarhill Records fait faillite et est forcé de cesser ses activités. Salt 'n' Pepa fait sa première apparition sur "The Show Stopper" de Super Nature.

1986 : Les Beastie Boys sortent "Licensed To Ill" sur Def Jam (produit par Rick Rubin). James Smith, un natif de Houston, Texas, assemble les Geto Boys. La formation originale comprenait les MCs Rahiem, Jukebox, DJ Ready Red et Sir Rap-A-Lot. Ce groupe comprenait également Little Billy, un nain danseur qui a ensuite pris le micro sous le nom de Bushwick Bill. Après une brève séparation en 1988, Smith a invité l'animateur Willie D et le multi-instrumentiste Akshun (connu sous le nom de Scarface) à compléter le groupe. Les Geto Boys (maintenant composés de Scarface, Willie D et Bushwick Bill) ont été une force motrice dans l'évolution du rap du sud.

1987 : Suite à la sortie de "Criminal Minded" de Boogie Down Productions, Scott LaRock est abattu et tué dans le Bronx Sud alors qu'il tentait de régler un différend. Public Enemy étonne le monde avec son album introductif, "Yo ! Bum Rush The Show", signalant la genèse du hip-hop politiquement chargé. Les membres originaux du groupe incluent Chuck D (Carlton Ridenhour), Flavor Flav (William Drayton), Professor Griff (Richard Griffin) et DJ Terminator X (Norman Rogers).

1988 : Après avoir été négligé par les médias traditionnels, le hip-hop obtient sa propre émission sur MTV, "Yo ! MTV

Raps". N.W.A. lance le mouvement gangsta rap avec leur album "Straight Outta Compton". Les fondateurs de Def Jam, Russell Simmons et Rick Rubin, prennent des chemins différents ; Simmons opte pour la distribution via CBS/Columbia Records, tandis que Rubin fonde Def American. Des albums emblématiques sont publiés : "Critical Breakdown" d'Ultramagnetic MC's et "Long Live The Kane" de Big Daddy Kane.

1989 : Après une bataille contre la dépendance au crack, Cowboy, un membre de Grandmaster Flash's Furious 5, décède à l'âge de 28 ans. Un groupe d'amis du lycée rejoint les Native Tongues en tant que promoteurs du mouvement Afrocentricity pour sensibiliser les Afro-Américains à leur héritage. Ces amis de Manhattan formeront plus tard A Tribe Called Quest (Q-Tip, Ali Shaheed Muhammad, Phife Dawg et Jarobi). Un protégé de Dr. Dre basé à Dallas, connu sous le nom de D.O.C., sort "No One Can Do It Better". Alors que l'album faisait le tour des charts, D.O.C. a été impliqué dans un grave accident de voiture. Bien que D.O.C. ait survécu à l'accident, sa carrière vocale a pris fin et il a commencé à écrire des chansons.

1990 : 2 Pac rejoint Digital Underground en tant que danseur et roadie. Le "Stretch & Bobbito Show" est lancé. Un propriétaire de magasin de disques de Floride et Luther Campbell sont arrêtés en raison de l'album controversé de 2 Live Crew, "As Nasty As They Wanna Be". MC Hammer frappe le grand public avec l'album multi-platine "Please

Hammer, Don't Hurt 'Em". L'album atteint le top 10 du classement Billboard Hot 100 avec son premier single, "Can't Touch This". MC Hammer devient l'un des rappeurs les plus populaires du début des années 90 et l'un des premiers noms connus du genre. L'album a élevé le rap à un nouveau niveau de popularité. C'est le premier album de hip-hop certifié diamant par la RIAA pour avoir vendu plus de dix millions d'exemplaires. Il reste l'un des albums les plus vendus du genre de tous les temps. À ce jour, l'album s'est vendu à plus de 18 millions d'exemplaires.

1991 : Le deuxième album de N.W.A., "N****z 4 Life", se vend à plus de 954 000 exemplaires lors de sa première semaine de sortie, atteignant la première place des charts pop. Cet album ouvre la voie à de nombreux albums de rap hardcore qui suivront. Busta Rhymes apparaît sur "Scenario" de A Tribe Called Quest. Cypress Hill (B-Real, DJ Muggs et Sen Dog) sort son premier album éponyme et lance une campagne pour légaliser le cannabis. The Notorious B.I.G. est présenté dans la rubrique "Unsigned Hype" du magazine The Source.

1992 : Le passage à tabac de Rodney King par la police. Dr. Dre sort "The Chronic". En plus d'aider à établir le gangsta rap de la côte ouest comme étant plus commercialement viable que le hip-hop de la côte est, cet album a fondé un style appelé G-Funk, qui a rapidement dominé le hip-hop de la côte ouest. Le style a été développé et popularisé par "Doggystyle" de Snoop Dogg en 1993. Le Wu-Tang Clan est devenu célèbre à peu près au même moment. Originaire de Staten Island à New York, le Wu-Tang Clan a ramené le hip-hop de la côte est au grand public à une époque où la côte ouest dominait le rap. D'autres artistes de la soi-disant renaissance du hip-hop de la côte est incluaient The Notorious B.I.G., Jay-Z et Nas. Les Beastie Boys ont continué leur succès tout au long de la décennie, franchissant les barrières raciales et gagnant le respect de nombreux artistes différents. Les labels de disques basés à Atlanta, St. Louis et La Nouvelle-Orléans ont acquis une renommée pour leurs scènes locales. La scène rap du milieu des États-Unis était également notable, avec les styles vocaux rapides d'artistes tels que Bone Thugs-n-Harmony et Twista. À la fin de la décennie, le hip-hop était une partie intégrante de la musique populaire, et de nombreuses chansons pop américaines avaient des éléments de hip-hop.

1993 : A Tribe Called Quest sort son troisième album, *Midnight Marauders*, avec une pochette d'album de qui est qui dans le hip-hop. *Dr. Dre's The Chronic* atteint le statut multi-platine. Wu-Tang Clan sort *36 Chambers*. Le groupe se compose de Prince Rakeem (The RZA), Raekwon, Ol' Dirty Bastard, Method Man, Ghostface Killah, Genius (GZA), U-God, Master Killa et Inspectah Deck.

Mobb Deep (Prodigy et Havoc) sort son premier LP, *Juvenile Hell*.

1994 : Le premier album de Nas, *Illmatic*, devient disque d'or et est largement reconnu comme l'un des plus grands albums de hip-hop de tous les temps. Common sort *Resurrection* et est acclamé comme un parolier intelligent. *Warren G's Regulate : The G-Funk Era* est certifié quadruple platine. 2Pac est volé et reçoit cinq balles dans un studio d'enregistrement à New York. Il se remet de la fusillade. 2Pac est ensuite condamné à huit mois de prison.

1995 : Queen Latifah remporte un Grammy Award dans la catégorie "Meilleure Performance Rap Solo" pour son tube "Unity". 2Pac signe un accord avec Death Row Records après que Suge Knight ait payé une caution de 1,4 million de dollars.

Eric Wright (Easy-E de N.W.A) meurt du sida le 20 mars à l'âge de 31 ans.

1996 : *The Score*, une fusion de paroles conscientes avec une soul sonique teintée de reggae, devient le plus grand album des Fugees. L'album débute à la première place et remporte deux Grammys, insufflant ainsi une nouvelle vie à un hip-hop socialement conscient. Les Music of Black Origin (MOBO) Awards sont lancés au Royaume-Uni. Les Fugees repartent avec deux trophées. Jay-Z sort son premier album acclamé, *Reasonable Doubt*. Son approche de "rappeur charismatique" donnera plus tard naissance à une multitude d'émulateurs.

Snoop Dogg, âgé de 24 ans, et son garde du corps McKinley Lee sont acquittés du meurtre de Philip Woldemariam, un immigré éthiopien de 20 ans, abattu en août 1993. Le 7 septembre, Tupac Shakur est mortellement blessé après avoir reçu plusieurs coups de feu alors qu'il se trouvait dans une voiture conduite par le PDG de Death Row Records, Marion "Suge" Knight, près du Las Vegas Strip. Tupac meurt cinq jours plus tard. Sa mort relance le débat sur la question de savoir si le rap promeut la violence ou s'il ne fait que refléter le côté sombre des rues.

1997 : The Notorious B.I.G. (de son vrai nom Christopher Wallace), est abattu et tué le 9 mars, après une fête au Petersen Automotive Museum à Los Angeles. Comme pour le meurtre de 2Pac, la mort de Biggie reste un mystère non résolu. Missy Elliott redéfinit le hip-hop et le R&B avec son premier album, *Supa Dupa Fly*. Ayant brisé les barrières en tant que productrice à succès, Missy deviendra la rappeuse la plus vendue de tous les temps. La société mère, Interscope Records, vend ses parts dans Death Row Records et rompt ses liens avec le label. Le rappeur de Chicago, Juice, bat Eminem lors du concours Scribble Jam de cette année. (Scribble Jam est le plus grand événement de hip-hop underground aux États-Unis.) Roc-A-Fella a acquis 50 % d'Island Def Jam pour 1,5 million de dollars.

1998 : Dr. Dre signe Eminem sur son label Aftermath.

Le premier album solo de Lauryn Hill, *The Miseducation of Lauryn Hill*, reçoit 11 nominations aux Grammy Awards et en remporte 5, dont l'Album de l'année et le Meilleur Nouvel Artiste. "Hard Knock Life (Ghetto Anthem)" marque le début de la percée de Jay-Z dans le grand public et contribue à la vente de 5 millions d'exemplaires de *Vol. 2 : Hard Knock Life*. Le refrain est samplé de la comédie musicale *Annie*. Shyne (né Jamal Barrow) signe un contrat d'enregistrement lucratif avec Bad Boy Entertainment de Diddy.

1999 :Soutenu par le producteur Dr. Dre, Eminem surmonte les obstacles raciaux et vend 4 millions de copies de son premier album, *The Slim Shady LP*. Le duo de producteurs The Neptunes (Chad Hugo & Pharrell Williams) domine les ondes avec une série de tubes radio, notamment "Caught Out There" de Kelis, "Got Your Money" d'ODB, "Oh No" de Noreaga et "One Big Fiesta" de Mase. Leur son infectieux, teinté de bling-bling, pourrait devenir une exigence officieuse pour les albums de hip-hop. Dr. Dre remet la côte ouest sur le devant de la scène avec son album de retour *2001*.

2000 : Dr. Dre intente un procès contre l'entreprise de partage de MP3 Napster. La députée Cynthia McKinney organise le premier sommet Hip-Hop Powershop pour aborder les divers enjeux politiques, économiques et sociaux qui touchent la jeunesse. DJ Craze remporte le championnat du monde DMC World DJ pour la troisième fois consécutive. Grâce à la sortie de son deuxième album bien accueilli, *The Marshall Mathers LP*, Eminem consolide sa place en tant que futur grand du rap. L'album vend 1,76 million de copies lors de sa première semaine et remporte plus tard deux Grammys pour le rappeur.

17

MOMENTS DE L'HISTOIRE DE LA CULTURE POP

Dans cette brève histoire du rap, quelques moments ont été – comme le dit l'adage – plus marquants que le rap lui-même.

Ce ne sont pas les scènes et les gros titres qui ont rendu le hip-hop « pertinent », mais plutôt les moments où les personnages, les idéaux et les récits du hip-hop ont fait la une des journaux nationaux, influençant le cycle de l'actualité américaine et faisant des sons, des paroles et des visages du genre une histoire aussi importante que celle de tout grand leader mondial ou événement. Parfois, comme lorsque Bill Clinton a interpellé Sister Souljah, ces moments ont été explosifs. D'autres fois, c'est juste une étincelle sur une mèche qui attend d'être allumée, comme lorsque Dr. Dre a fait des écouteurs l'accessoire de style personnel le plus essentiel pour tout le monde.

Ces moments sont des moments de protestation, de lutte et de honte. Ce sont des moments de fierté et de pouvoir. Ce sont des moments qui définissent la musique que nous prenons souvent pour acquise, que ce soit Kanye West qui dit des insanités à propos d'un président américain, ou un président américain qui dit des insanités à propos de Kanye, puis fait campagne avec Jay-Z peu de temps après. Des moments subliminaux aux moments les plus prononcés, des moments de films et d'émissions de télévision aux moments où les couloirs du pouvoir politique ont été forcés de confronter les rappeurs – ce sont ces moments où le hip-hop s'est imposé dans le grand public, par tous les moyens nécessaires.

Du simple fait de faire des courbettes figuratives aux tirs réels, ces moments n'ont pas nécessairement changé le jeu pour le rap, mais plutôt pour la culture pop, des moments de pure reconnaissance, non coupée, que ce n'est pas seulement une sous-culture ou une tendance, mais des pièces d'une plus grande mosaïque américaine. Voici les 40 plus grands moments du hip-hop dans la culture américaine, de Style Wars à qui est le Wu-Tang pour.

Le Moment : Que se passe-t-il lorsqu'un groupe punk essaie de pimenter son répertoire en adoptant ce que les groupes punk de New York – sans parler de la culture pop – ont rarement osé faire pour leurs succès ? Vous obtenez la première vidéo de rap diffusée sur MTV, lors du premier mois de diffusion de la chaîne, dans leur première rotation de 90 vidéos, sous la forme de « Rapture » de Blondie, dont le coda entier est rappée par Debbie Harry. Pour bien faire passer le message, Blondie a recruté des luminaries du hip-hop pour apparaître dans la vidéo avec eux, comme Fab Five Freddy (dont le nom est mentionné dans la chanson), Lee Quinones et Jean-Michel Basquiat.

L'Impact : « Rapture » est arrivé à un moment parfait et étrange, car non seulement il s'agissait de la première vidéo mettant en scène du rap sur MTV, mais c'était également une vidéo de la première véritable « rotation » de MTV, où elle est restée pendant quelques mois. En d'autres termes, les yeux de tout le pays ont vu cette jeune femme blanche faire la « chose hip-hop ».

L'Upshot : À l'époque, ce n'était ni un scandale ni un événement capital, mais juste une chose étrange dans le rock, qui était, si ce n'est amusante, en fait plutôt cool. Cette vidéo a contribué à cimenter la place de Blondie en tant que l'un des groupes les plus progressistes du rock contemporain, et a établi un précédent pour le rock embrassant le hip-hop (et vice versa).

Le Moment : Au début de la nouvelle décennie, Newsweek – l'un des deux magazines présents dans chaque foyer de banlieue de la classe moyenne, avec Time – a publié une couverture sur la colère de la musique rap. Les rédacteurs voulaient choisir entre deux artistes rap : LL Cool J et Tone Loc. Ils ont choisi Loc.

L'Impact : Tone Loc n'est pas devenu un rappeur plus « dur » qu'il ne l'était déjà. L'impact sur la carrière de Loc a été minimal au mieux. L'effet de la couverture sur la perception du rap, cependant, n'était pas insignifiant. Pour un segment de l'Amérique, c'était un signe de ce qui allait arriver : le rap et les rappeurs sont effrayants, il criait, alors vous feriez mieux de tenir vos enfants à l'écart. Pour un autre segment de l'Amérique, il criait : les gens qui écrivent les hebdomadaires ne savent rien du rap, comme le prouve leur choix de Tone Loc pour représenter la colère dans le rap.

L'Upshot : Pour un autre segment, beaucoup plus petit, de l'Amérique, il criait : Wow, effrayer les gens avec le rap est plutôt convaincant. Répliquons-le ! Et ainsi, des articles basés sur la peur des dangers des rappeurs en colère sont nés, dans une tradition qui se poursuit encore aujourd'hui. Pendant ce temps, Loc a ensuite connu l'une des carrières les plus familiales et amicales qu'un rappeur ait jamais eue, y compris être célèbre pour avoir été réprimandé par l'arrière-train de Jim Carrey dans Ace Ventura : Pet Detective.

Le Moment : D'autres stations avaient déjà diffusé du rap avant KDAY, mais ce n'est qu'avec l'embauche de Greg « Mack » MacMillan comme directeur de la programmation et animateur de l'après-midi que tout a changé. Mack a transformé la station en une maison de pouvoir du hip-hop, recrutant de jeunes talents non seulement pour faire du DJing, mais aussi pour avoir l'oreille dans la rue. L'un de ces talents était le World Class Wreckin' Cru, dont le Dr Dre avait commencé à mixer des morceaux en temps réel, en découpant d'anciens morceaux dans les enregistrements de rap contemporains.

L'Impact : La station est devenue l'un des médias les plus influents pour le rap presque du jour au lendemain, et a diffusé certains des enregistrements les plus importants de l'histoire du rap. De plus, elle a créé le marché pour les formats radio rap, et si les singles rap commencent quelque part, c'est sur la radio rap.

L'Upshot : KDAY finira par abandonner le format radio rap en 1991, et sera relancée en 2004 en tant que version moins influente de l'original, en tant que station de musique urbaine contemporaine de milieu de gamme. Plus important encore, cependant, KDAY a conduit les dirigeants de la radio terrestre à réaliser que le format rap serait crucial dans les années à venir, ce qui a donné naissance à la création de la radio rap à travers l'Amérique.

Le Moment : La comédie stand-up – la grande, la provocante, la comédie stand-up – était encore trop chaude pour la plupart des diffusions télévisées, sans parler de la comédie stand-up par des comédiens noirs, qui devaient surmonter les inquiétudes des grands réseaux concernant l'audience, les normes et les pratiques troublantes. Le fondateur de Def Jam et chef de label Russell Simmons, qui s'est retrouvé avec un contrat de production pour HBO, cette chaîne câblée que vous devez payer en plus, avec tous les films et certaines de ses propres émissions de télévision que vous ne pouvez trouver nulle part ailleurs. Apposant le nom de son label sur une émission de stand-up en fin de soirée sur le câble payant, Simmons a trouvé un endroit pour infuser les personnalités et les performances des comédiens avec une esthétique hip-hop, et créer un espace pour un humour sans filtre qui était essentiel pour un segment de la population qui avait longtemps manqué d'un tel espace. Ce faisant, Def Comedy Jam est né.

L'Impact : Bien qu'il ait été protesté par certains pour ce qui a été perçu comme un contenu offensant qui renforçait les stéréotypes négatifs sur les Noirs, le spectacle a continué à recevoir des notes relativement élevées de la part des critiques de télévision.

L'Upshot : Def Comedy Jam n'a pas seulement ouvert la voie à la comédie stand-up provocante à la télévision, mais a également cimenté la place de HBO dans le monde des médias en tant que média pour le divertissement provocant, tout court. Il a également fait progresser le statut de Russell Simmons en tant qu'entrepreneur du hip-hop en dehors du domaine de la musique, et a donné naissance à un animateur (Martin Lawrence) qui a connu une carrière sauvage et réussie.

Le Moment : Warren Beatty, nominé aux Oscars et membre de la royauté hollywoodienne, écrit, produit, consulte Suge

Knight et réalise un film sur un sénateur californien qui perd le contrôle, commence à dire ce qu'il pense et à dire la vérité à son propre pouvoir, sous la forme de raps qui font frissonner, avec une bande originale de rap interprétée par des stars et sortie par Interscope.

L'Impact : Comme le personnage principal, le film a d'abord été perçu comme une tentative curieuse et naïve de l'ancien Hollywood blanc de tendre la main à la jeunesse urbaine américaine, à la fois par les personnes de l'industrie et par les spectateurs occasionnels. Comme il s'est avéré, les deux parties ont fini par l'adorer : les critiques lui ont donné des critiques généralement positives, la bande originale a produit l'un des plus grands succès de cet été-là (sous la forme de « Ghetto Superstar » de Pras, ODB et Mya), et l'improbable croisement culturel, bizarrement, a réussi à fonctionner.

L'Essentiel : Bien qu'il n'ait pas bien vieilli et puisse toujours prétendre à l'une des fins les plus universellement détestées des années 90, ce film a rapporté 29 millions de dollars dans le monde entier et a reçu plusieurs nominations pour Warren Beatty et Jeremy Pikser (qui n'a remporté qu'un prix mineur des critiques de Los Angeles, perdant presque universellement face à Shakespeare in Love ou The Truman Show). La bande originale a été certifiée platine par la RIAA. Le film a été l'un des derniers grands travaux de Warren Beatty, qui continue de se retirer de projets majeurs.

Le Moment : MTV a présenté l'un des duos les plus improbables de l'histoire du réseau pour présenter le VMA 1997 du meilleur clip de danse : Martha Stewart et Busta Rhymes, introduits par Chris Rock comme « celui [qui] sait comment faire un pot-au-feu vraiment méchant, et l'autre qui est toujours rôti sur le pot ». Martha est arrivée dans des tons sourds, semblant réservée. Busta est arrivé dans un kimono rouge et doré. « Qu'est-ce que c'est que l'aneth, toi ? » a grimacé Busta, alors que Martha Stewart semblait à la fois complètement mal à l'aise et massivement charmante. Martha a parlé de laisser tomber des battements – ou des bêtes – et Busta a crié Wu-Tang Clan et Flipmode Squad. Tout cela était, d'une certaine manière, surréaliste.

L'Impact : Il a contribué à faire de 1997 une grande année à la fois pour les vidéoclips et pour les VMA de Chris Rock, qui ont obtenu des critiques élogieuses de la part des critiques de télévision et de musique en tant que point culminant dans la brève histoire du réseau et de ses cérémonies de remise de prix, et plus crucialement, MTV s'est senti encouragé à prendre de plus grands risques avec des duos comme Busta et Martha, surtout après que les VMA 1998 animés par Ben Stiller n'aient pas réussi à susciter autant d'enthousiasme. Entrent les VMA 99, qui étaient à nouveau animés par Chris Rock, mais cette fois au Met Opera, et qui ont eu plus que quelques moments embarrassants, comme le duo des mères de The Notorious B.I.G. et Tupac, ou Lil'

Kim et Diana Ross, qui a fait bouger la poitrine couverte de paillettes de Kim sur la scène des VMA.

L'Essentiel : Si, en 1997, on vous avait demandé qui passerait plus de temps en prison au cours des 15 prochaines années, vous auriez probablement donné une mauvaise réponse. Busta Rhymes est resté l'un des artistes rap les plus populaires et excentriques, puis s'est mis en forme, a arrêté de porter des kimonos et a cessé d'être bizarre (et merveilleux, dans une certaine mesure). Il n'a jamais fait de prison. Martha Stewart a continué à développer son empire médiatique et de produits ménagers, mais a fini par aller en prison pour délit d'initié. Les VMA ont connu un déclin après le début des années 2000 et n'ont jamais retrouvé le niveau d'excitation qu'ils ont généré à la fin des années 90.

Le Moment : En 1985, alors que la saison des achats de Noël battait son plein, des publicités pour Swatch ont commencé à apparaître à New York, mettant en vedette un endossement de célébrité improbable : les Fat Boys, interprétant la chanson qu'ils ont enregistrée pour l'occasion, « Swatch Watch Presents A Merry Christmas ».

L'Impact : Après une tournée sponsorisée par Swatch avec Run-DMC, Kurtis Blow et Whodini, l'approbation des vendeurs de montres – rendue possible par le manager des Fat Boys, Charlie Stettler – a fait d'un national suisse l'une des campagnes publicitaires les plus réussies pour les enfants cool de tous les temps, et a propulsé les Fat Boys à l'avant-scène du hip-hop en tant qu'un de ses actes les plus charismatiques, charmants et irrésistibles.

L'Upshot : Les Fat Boys ont continué à apparaître dans des films et des émissions de télévision (Disorderlies, un épisode de « Miami Vice ») et ont enregistré quelques classiques le long du chemin. Plus important encore, ils ont prouvé que les rappeurs étaient tout aussi capables d'être des porte-parole de célébrités que n'importe quelle autre bande, et ont ainsi pavé la voie à tant d'accords à plusieurs millions de dollars que nous connaissons tous trop bien aujourd'hui.

Le Moment : Au printemps 1997, une publicité pour The Gap a commencé à être diffusée, présentant un nouveau type de porte-parole pour l'Américain moyen qui fait du shopping dans les centres commerciaux : LL Cool J. Dans cette publicité, LL porte du Gap du cou aux pieds. Sur sa tête, cependant, se trouvait un chapeau d'une marque alors peu connue de vêtements de rue appelée FUBU, qui signifie « For Us, By Us », mentionnée par LL dans les paroles de son rap pendant la publicité, avec ces mots exacts.

L'Impact : Les dirigeants de The Gap étaient supposément furieux, une fois qu'ils ont réalisé ce qui s'était passé. Et voici ce qui s'est passé : le fondateur de FUBU, Daymond John – un vieil ami de LL originaire de Hollis, dans le Queens – a persuadé LL Cool J de porter sa nouvelle ligne de vêtements jusqu'à ce que LL le fasse... pour une publicité pour The Gap. Les commandes pour la ligne de vêtements ont explosé, et FUBU est devenue la marque de vêtements de rue approuvée par les rappeurs, avec des revenus s'élevant à environ 300 millions de dollars en 1998.

18

TERMINOLOGIE

Le hip-hop est un genre musical qui a émergé dans le cadre de la culture hip-hop et est défini par quatre éléments stylistiques clés : le rap, le DJing/scratching, le sampling (ou la synthèse) et le beatboxing. Le hip-hop a vu le jour dans le South Bronx à New York City dans les années 1970. Le terme « rap » est souvent utilisé comme synonyme de hip-hop, mais le hip-hop désigne également les pratiques d'une sous-culture entière.

Le rap, également appelé MCing ou emceeing, est un style vocal où l'artiste interprète des paroles de manière lyrique, en rimes et en vers, généralement sur une musique instrumentale ou un beat synthétisé. Les beats, presque toujours en signature 4/4, peuvent être créés par le sampling et/ou la séquence de portions d'autres chansons par un producteur.

Ils incorporent également des synthétiseurs, des boîtes à rythmes et des groupes en live. Les rappeurs peuvent écrire, mémoriser ou improviser leurs paroles et interpréter leurs œuvres a cappella ou sur un beat.

19

LE TERME : HIP-HOP

La création du terme « hip-hop » est souvent attribuée à Keith Cowboy, rappeur du groupe Grandmaster Flash and the Furious Five. Cependant, Lovebug Starski, Keith Cowboy et DJ Hollywood utilisaient déjà ce terme lorsque la musique était encore connue sous le nom de « disco rap ». On pense que Cowboy a inventé l'expression en taquinant un ami qui venait de rejoindre l'armée américaine, en scandant les mots « hip/Hop/hip/Hop » d'une manière qui imitait la cadence rythmique des soldats en marche. Cowboy a ensuite intégré cette « cadence Hip Hop » dans ses performances scéniques, ce qui a été rapidement adopté par d'autres artistes tels que The Sugarhill Gang dans leur chanson « Rapper's Delight ».

Afrika Bambaataa, fondateur de l'Universal Zulu Nation, est le premier à avoir utilisé le terme pour décrire la sous-culture à laquelle appartenait cette musique ; bien qu'il soit également suggéré que ce fut initialement un terme péjoratif pour désigner ce style musical.

La première utilisation imprimée du terme « hip-hop » est apparue dans le journal *The Village Voice*, par Steven Hager, qui est par la suite devenu l'auteur de « A 1984 History of Hip Hop ».

20

LES RACINES DU HIP-HOP DANS LES ANNÉES SOIXANTE-DIX

Les racines du hip-hop sont profondément ancrées dans les genres musicaux et les traditions plus anciens de la culture afro-américaine, remontant jusqu'à l'Afrique précoloniale. Les griots d'Afrique de l'Ouest forment un groupe de chanteurs et de poètes itinérants qui font partie d'une tradition orale datant de plusieurs centaines d'années. Leur style vocal est similaire à celui des rappeurs. Les traditions afro-américaines du « signifying », des dizaines et de la poésie jazz sont toutes issues des griots. De plus, les groupes musicaux comiques tels que Rudy Ray Moore et Blowfly sont considérés par certains comme les ancêtres du rap.

À New York, les performances de poésie parlée et de musique inspirées des griots par des artistes comme The Last Poets, Gil Scott-Heron et Jalal Mansur Nuriddin ont eu un impact significatif sur la culture de l'ère post-droits civiques des années 1960 et 1970.

Le hip-hop est apparu dans les années 1970, lorsque les block parties sont devenues de plus en plus populaires à New York, en particulier dans le Bronx, où les influences afro-américaines et portoricaines se sont combinées. Les block parties incorporaient des DJs qui jouaient des genres musicaux populaires, en particulier le funk et la soul. En raison de la réception positive, les DJs ont commencé à isoler les breaks de percussion des chansons populaires. Cette technique était déjà courante dans la musique dub jamaïcaine et s'était répandue à New York via la communauté jamaïcaine immigrée. L'un des premiers DJs new-yorkais à utiliser le style de mixage dub était le Jamaïcain DJ Kool Herc, qui a émigré aux États-Unis en 1967. La musique dub était devenue populaire en Jamaïque en raison de l'influence des marins américains et du rhythm & blues. De grands sound systems ont été mis en place pour permettre aux Jamaïcains pauvres, qui ne pouvaient pas acheter de disques, de profiter de la musique. Comme le public new-yorkais n'appréciait pas particulièrement le dub ou le reggae, Herc s'est mis à utiliser des disques de funk, de soul et de disco. Comme les breaks étaient généralement courts, Herc et d'autres DJs ont commencé à les étendre en utilisant un mixeur audio et deux disques.

Des techniques de turntablism telles que le scratching (apparemment inventé par Grand Wizard Theodore), le beat

L'histoire du Hip-Hop

mixing/matching et le jonglage avec le beat ont été développées en même temps que les breaks, créant une base sur laquelle on pouvait rapper. Ces mêmes techniques ont contribué à la popularisation des remixes, du looping, de l'échantillonnage et du remixage de la musique d'autrui, souvent sans le consentement de l'artiste original, ce qui peut être considéré comme une évolution de la musique dub jamaïcaine et qui deviendra une caractéristique du style hip-hop. Les immigrants jamaïcains ont également influencé le style vocal du rap en livrant des rimes simples lors de leurs soirées, inspirés par la tradition jamaïcaine du toasting. Les DJs et les MC ajoutaient des chants de call and response, souvent constitués d'un simple refrain, pour permettre au performer de rassembler ses pensées (par exemple : « one, two, three, y'all, to the beat »).

Plus tard, les MCs sont devenus plus variés dans leur livraison vocale et rythmique, incorporant de brèves rimes, souvent avec un thème sexuel ou scatologique, dans le but de se différencier et de divertir le public. Ces premiers raps incorporaient les dozens, un produit de la culture afro-américaine. Kool Herc & the Herculoids ont été le premier groupe de hip-hop à gagner en reconnaissance à New York, mais le nombre d'équipes de MCs a augmenté avec le temps.

Ces collaborations étaient souvent le fruit d'anciennes rivalités entre gangs, comme celle d'Afrika Bambaataa's Universal Zulu Nation, qui est aujourd'hui une organisation internationale. Melle Mel, un rappeur avec The Furious Five, est souvent crédité d'être le premier parolier de rap à se désigner lui-même comme un « MC ».

Au début des années 1970, le b-boying est apparu lors des block parties, où les b-boys et les b-girls se produisaient devant le public dans un style distinctif et frénétique. Ce style a été documenté pour la première fois dans des documentaires et des films tels que Style Wars, Wild Style et Beat Street. Le terme « b-boy » a été inventé par DJ Kool Herc pour décrire les personnes qui attendaient le break, se plaçant devant le public pour danser dans un style unique et frénétique.

Bien qu'il y ait eu de nombreux MCs qui ont enregistré des projets solo notables, comme DJ Hollywood, Kurtis Blow et Spoonie Gee, la fréquence des artistes solo n'a augmenté que plus tard avec la croissance du nombre d'artistes sur scène, tels que LL Cool J. La plupart du hip-hop des premières années était dominé par des groupes dont la collaboration entre les membres était essentielle au spectacle. Un exemple est le groupe de hip-hop Funky Four Plus One, qui s'est produit de cette manière lors de l'émission Saturday Night Live en 1981. La musique hip-hop était un exutoire et une « voix » pour les jeunes défavorisés des quartiers pauvres, car la culture reflétait les réalités sociales, économiques et politiques de leur vie.

21

L'INFLUENCE DU DISCO

Le hip-hop music était influencé par le disco et il y avait un backlash contre ses fans. Selon Kurtis Blow, les débuts du hip-hop étaient marqués par des divisions entre les fans et les détracteurs de la musique disco. Le hip-hop a largement émergé comme « une réponse directe à la musique disco édulcorée et européanisée qui envahissait les ondes », et le hip-hop des premières heures était principalement basé sur des boucles de hard funk. Cependant, en 1979, les boucles et pistes instrumentales disco sont devenues la base d'une grande partie du hip-hop. Ce genre a reçu le nom de « disco rap ». Ironiquement, le hip-hop a également contribué au déclin ultérieur de la popularité du disco.

DJ Pete Jones, Eddie Cheba, DJ Hollywood et Love Bug Starski étaient des DJ hip-hop influencés par le disco. Leur style différait de celui des autres musiciens hip-hop qui se concentraient sur des rimes rapides et des schémas rythmiques plus complexes. Afrika Bambaataa, Paul Winley, Grandmaster Flash et Bobby Robinson étaient tous membres de ce dernier groupe.

À Washington, D.C., le go-go est apparu comme une réaction au disco et a finalement incorporé des caractéristiques du hip-hop au début des années 1980. Le genre de la musique électronique a suivi une évolution similaire, pour finalement donner naissance à ce que l'on appelle aujourd'hui la House Music à Chicago et le Techno à New York. (Pour en savoir plus, lisez mon livre : *House Rules : Dance with Me*).

22

PASSAGE À L'ENREGISTREMENT

Le premier enregistrement de hip-hop est largement considéré comme étant celui de The Sugarhill Gang's "Rapper's Delight", en 1979. Cependant, cette affirmation est sujette à controverse, car certains considèrent "King Tim III (Personality Jock)" par The Fatback Band, sorti quelques semaines avant "Rapper's Delight", comme le premier véritable disque de rap. Il existe divers autres prétendants au titre de premier enregistrement de hip-hop.

Au début des années 1980, tous les éléments et techniques du genre hip-hop étaient en place. Bien que pas encore mainstream, le hip-hop s'était répandu au-delà de New York City ; on le trouvait dans des villes aussi variées qu'Atlanta, Los Angeles, Washington, D.C., Baltimore, Dallas, Kansas City, San Antonio, Miami, Seattle, St. Louis, La Nouvelle-

Orléans, Houston, et Toronto. En effet, "Funk You Up" (1979), le premier enregistrement hip-hop par un groupe féminin, et le deuxième single sorti par Sugar Hill Records, interprété par The Sequence, un groupe de Columbia, Caroline du Sud, avec Angie Stone.

Malgré sa croissance en popularité, Philadelphie a été, pendant de nombreuses années, la seule ville dont les contributions pouvaient être comparées à celles de New York. Le hip-hop est devenu populaire à Philadelphie à la fin des années 1970. Le premier disque publié est intitulé "Rhythm Talk", par Jocko Henderson.

Le New York Times avait surnommé Philadelphie le "Graffiti Capital of the World" en 1971. La DJ originaire de Philadelphie, Lady B, a enregistré "To the Beat Y'All" en 1979, et est devenue la première artiste solo féminine de hip-hop à enregistrer de la musique. Schoolly D, originaire également de Philadelphie, a commencé à développer un style qui allait plus tard être connu sous le nom de gangsta rap, dès 1984.

Les années 1980 ont marqué la diversification du hip-hop, le genre se développant avec des styles plus complexes. Les premiers exemples de cette diversification peuvent être identifiés à travers des morceaux tels que "The Adventures of Grandmaster Flash on the Wheels of Steel" (1981) de Grandmaster Flash, un single composé entièrement de pistes échantillonnées, ainsi que "Planet Rock" d'Afrika Bambaataa (1982), qui a signifié la fusion de la musique hip-hop avec l'électro. De plus, "Beat Bop" (1983) de Rammellzee & K-Rob était un "slow jam" qui avait une influence dub avec son utilisation de la réverbération et de l'écho comme textures et effets sonores. Le milieu des années 1980 a été marqué par l'influence de la musique rock, avec la sortie d'albums comme "King of Rock" et "Licensed to Ill".

L'utilisation intensive de la nouvelle génération de machines à rythmes, telles que l'Oberheim DMX et les modèles Roland 808, était une caractéristique de nombreuses chansons des années 1980. À ce jour, le kickdrum 808 est traditionnellement utilisé par les producteurs de hip-hop. Au fil du temps, la technologie d'échantillonnage est devenue plus avancée ; cependant, des producteurs comme Marley Marl utilisaient des machines à rythmes pour construire leurs rythmes à partir de petits extraits d'autres rythmes en synchronisation, dans son cas, en déclenchant 3 unités de sampling-délai Korg via un 808. Plus tard, des échantillonneurs comme l'E-mu SP-1200 ont permis non seulement plus de mémoire, mais aussi plus de flexibilité pour une production créative. Cela a permis la filtration et le superposition de différents hits, et avec la possibilité de les ré-enchaîner en une seule pièce.

Avec l'émergence d'une nouvelle génération d'échantillonneurs tels que l'AKAI S900 à la fin des années 1980, les producteurs n'avaient plus besoin de l'aide de boucles de bande. Le premier album de Public Enemy a été créé avec l'aide de grandes boucles de bande. Ce processus de boucle de break en un breakbeat est devenu plus courant avec un échantillonneur, faisant maintenant le travail qui était auparavant fait manuellement par le DJ. En 1989, DJ Mark James, sous le nom de "45 King", a sorti "The 900 Number", un morceau de breakbeat créé en synchronisant des échantillonneurs et des vinyles.

Le contenu lyrique du hip-hop a également évolué. Les styles primitifs présentés dans les années 1970 ont été remplacés par des paroles métaphoriques sur des instrumentaux plus complexes et multicouches. Des artistes comme Melle Mel, Rakim, Chuck D et KRS-One ont révolutionné le hip-hop en le transformant en une forme d'art plus mature. Le single influent "The Message" (1982) de Grandmaster Flash et The Furious Five est largement considéré comme la force pionnière du rap conscient.

Au début des années 1980, la musique électro a été fusionnée avec des éléments du mouvement hip-hop, largement menés par des artistes tels que Cybotron, Hashim, Planet Patrol et Newcleus. Le plus notable parmi eux était Afrika Bambaataa, qui a produit le single "Planet Rock".

Certains rappeurs ont fini par devenir des artistes pop grand public. L'apparition de Kurtis Blow dans une publicité pour

Sprite a marqué le premier musicien de hip-hop à représenter un produit majeur. La chanson de 1981 "Christmas Wrapping" du groupe new-wave The Waitresses était l'une des premières chansons pop à utiliser du rap dans son interprétation.

23
NATIONALISATION ET INTERNATIONALISATION

Avant les années 1980, la musique rap était largement confinée au sein des États-Unis. Cependant, au cours des années 1980, elle commença à se répandre et à faire partie de la scène musicale dans des dizaines de pays. Au début de la décennie, le B-boying devint le premier aspect de la culture hip-hop à atteindre l'Allemagne, le Japon, l'Australie et l'Afrique du Sud, où le crew Black Noise établit la pratique avant de commencer à rapper plus tard dans la décennie. Le musicien et présentateur Sidney devint le premier présentateur de télévision noir en France avec son émission H.I.P. H.O.P., diffusée sur TF1 en 1984, une première pour le genre à l'échelle mondiale. Radio Nova aida à lancer d'autres stars françaises comme Dee Nasty, dont l'album de 1984, *Panam City Rappin'* ainsi que les compilations *Rapattitude 1* et *2*, contribuèrent à une sensibilisation générale du hip-hop en France.

L'histoire du Hip-Hop

Le hip-hop a toujours entretenu une relation très étroite avec la communauté latino. À New York, DJ Disco Wiz et le Rock Steady Crew étaient parmi les premiers innovateurs portoricains, combinant l'anglais et l'espagnol dans leurs paroles. The Mean Machine enregistra son premier titre sous le label "Disco Dreams" en 1981, tandis que Kid Frost, originaire de Los Angeles, commença sa carrière en 1982.

Cypress Hill fut formé en 1988 dans la banlieue de South Gate, à l'extérieur de Los Angeles, lorsque Senen Reyes (né à La Havane) et son frère cadet Ulpiano Sergio (Mellow Man Ace) déménagèrent de Cuba à South Gate avec leur famille en 1971. Ils firent équipe avec DVX de Queens (New York), Lawrence Muggerud (DJ Muggs) et Louis Freese (B-Real), un Mexicain/Cubain-Américain natif de Los Angeles. Après le départ d'"Ace" au début de sa carrière, le groupe adopta le nom de Cypress Hill, d'après une rue traversant un quartier voisin dans le sud de Los Angeles.

On dit que le hip-hop au Japon a débuté lorsque Hiroshi Fujiwara retourna au Japon et commença à jouer des disques de hip-hop au début des années 1980. Le genre japonais tend à être le plus directement influencé par l'old school américaine, s'inspirant des rythmes accrocheurs de l'époque, de la culture de la danse, tout en y ajoutant une approche insouciante en l'incorporant dans leur propre style. En conséquence, le hip-hop est l'un des genres musicaux mainstream les plus commercialement viables au Japon, et la ligne entre lui et la pop music est souvent floue.

24

EARLY NEW SCHOOL

Le *New School* de Hip Hop était la seconde vague de hip-hop, apparue en 1983-84 avec les premiers enregistrements de Run-D.M.C. et LL Cool J. Tout comme le hip-hop qui l'a précédé, cette nouvelle vague est venue principalement de New York City. Le New School se caractérisait à l'origine par un minimalisme mené par la boîte à rythmes, avec des influences de musique rock. Il était notable pour ses railleries et ses vantardises sur le rap, ainsi que pour ses commentaires socio-politiques, le tout livré dans un style agressif et auto-affirmatif. Dans leur image et leurs chansons, les artistes projetaient une attitude dure, cool et de rue, propre au b-boy. Ces éléments contrastaient fortement avec les groupes influencés par le funk et le disco, les succès populaires, les groupes live, les synthétiseurs et les rimes festives des artistes en vogue avant 1984, qui appartenaient à l'ère old-school. Les artistes du New School créaient des chansons plus courtes et plus adaptées à la diffusion radio, ainsi que des albums plus cohésifs que leurs homologues old-school. En 1986, la New School of Rap a commencé à établir le genre Hip Hop comme une composante majeure du courant dominant. Leur style musical est devenu commercialement réussi, comme en témoigne l'album des Beastie Boys de 1986, *Licensed to Ill*, qui fut le premier album de rap à atteindre les charts Billboard.

25

L'ÂGE D'OR

Le « Golden Age » (ou « âge d'or ») du hip-hop est un terme attribué à une période du hip-hop grand public, généralement située entre le milieu des années 1980 et le milieu des années 1990, et caractérisée par sa diversité, sa qualité, son innovation et son influence. Cette époque était marquée par de forts thèmes d'afrocentricité et de militantisme politique, tandis que la musique était expérimentale, avec un sampling éclectique. On y trouvait souvent une forte influence du jazz. Les artistes les plus fréquemment associés à cette période sont Public Enemy, Boogie Down Productions, Eric B. & Rakim, De La Soul, A Tribe Called Quest, Gang Starr, Big Daddy Kane et les Jungle Brothers.

Ce Golden Age est reconnu pour son innovation, une époque où, selon le magazine Rolling Stone, « il semblait que chaque nouveau single réinventait le genre ». En parlant du « hip-hop dans son âge d'or », le rédacteur en chef de Spin, Sia Michel, déclare : « Il y avait tellement d'albums importants et novateurs qui sortaient à cette période ». Sway Calloway, de MTV, ajoute : « Ce qui a rendu cette ère si grandiose, c'est que rien n'était artificiel. Tout était encore à découvrir, tout était innovant et nouveau ». L'écrivain William Jelani Cobb soutient que « ce qui a fait de l'ère qu'ils ont inaugurée digne du terme "Golden Age", c'est le nombre d'innovations stylistiques qui ont vu le jour... Durant ces années dorées, une masse critique de prodiges du micro créaient littéralement eux-mêmes et leur forme d'art au même moment ».

La période exacte couverte par le Golden Age varie légèrement selon les sources. Certains la situent précisément dans les années 1980 et 1990. Rolling Stone fait référence au « Golden Age du rap de 1986 à 1999 », tandis que MSNBC déclare : « Le "Golden Age" de la musique hip-hop : les années 1980 et 1990 ».

26

GANGSTA RAP & WEST COAST

Le Gangsta rap est un sous-genre du Hip-Hop qui reflète les histoires violentes et les styles de vie des jeunes des quartiers défavorisés. Gangsta est une prononciation non rhotique du mot « gangster ». Ce genre a été initié au milieu des années 1980 par des rappeurs tels que Schooly D et Ice-T, et a été popularisé dans la seconde moitié de la décennie par des groupes comme N.W.A. Ice-T a sorti « 6 in the Mornin' », souvent considéré comme le premier morceau de gangsta rap, en 1986. Après l'attention nationale qu'Ice-T et N.W.A ont suscitée à la fin des années 1980 et au début des années 90, le gangsta rap est devenu le sous-genre le plus commercialement lucratif du hip-hop.

N.W.A est le groupe le plus fréquemment associé à l'émergence du gangsta rap. Leurs paroles étaient plus violentes, ouvertement confrontantes et choquantes que celles des rappeurs établis, avec un usage incessant de grossièretés et, de manière controversée, l'utilisation du mot « nigger ». Ces paroles étaient posées sur des rythmes rugueux, souvent accompagnés de guitares rock, contribuant à la sensation dure et tranchante de la musique. Le premier album blockbuster de gangsta rap fut *Straight Outta Compton* de N.W.A, sorti en 1988. Cet album a établi le hip-hop de la côte Ouest comme un genre vital et a fait de Los Angeles un rival légitime de New York, capitale de longue date du hip-hop. *Straight Outta Compton* a déclenché la première grande controverse concernant les paroles du hip-hop lorsque leur chanson « Fuck Tha Police » a reçu une lettre du directeur adjoint du FBI, Milt Ahlerich, exprimant fortement le ressentiment des forces de l'ordre envers le morceau. En raison de l'influence d'Ice-T et de N.W.A, le gangsta rap est souvent considéré comme étant à l'origine un phénomène de la côte Ouest, malgré les contributions d'artistes de la côte Est comme Boogie Down Productions dans le développement du genre.

Le thème du gangsta rap a suscité de nombreuses controverses au fil des ans. Les critiques sont venues de commentateurs de gauche comme de droite, de politiciens et de leaders religieux. Les rappeurs gangsta se retrouvent souvent à défendre leurs actions, affirmant qu'ils décrivent la réalité de leur vie, de leur culture et de leur éducation.

Beaucoup ont déclaré qu'ils adoptent simplement un personnage, comme un acteur jouant un rôle, et qu'ils ne cautionnent pas nécessairement ces comportements.

27
HIP HOP MONDIAL

En Haïti, le Hip-Hop a été développé au début des années 1980, et est principalement attribué à Master Dji et à ses chansons "Vakans" et "Politik Pam". Ce qui est devenu plus tard connu sous le nom de "Rap Kreyòl" a gagné en popularité à la fin des années 1990 avec King Posse et Original Rap Stuff. En raison des technologies d'enregistrement et des équipements moins chers en Haïti, davantage de groupes de Rap Kreyòl enregistrent des chansons, même après le tremblement de terre du 12 janvier.

En République dominicaine, un enregistrement de Santi Y Sus Duendes et Lisa M est devenu le premier single de merenrap, une fusion de Hip Hop et de merengue.

New York City a connu une forte influence du hip-hop jamaïcain dans les années 1990. Cette influence a été apportée par des changements culturels, en particulier à cause de l'immigration accrue de Jamaïcains à New York et des Américains d'origine jamaïcaine qui ont atteint l'âge adulte dans les années 1990. Des artistes de rap comme De La Soul et Black Star ont produit des albums influencés par les racines jamaïcaines.

En Europe, en Afrique et en Asie, le hip-hop a commencé à passer de l'underground à un public plus large et a été adopté à la fois par les nationaux et les immigrants. Le hip-hop britannique, par exemple, est devenu un genre à part entière et a donné naissance à de nombreux artistes tels que Wiley, Dizzee Rascal, The Streets et bien d'autres.

L'Allemagne a produit le célèbre groupe "Die Fantastischen Vier", ainsi que plusieurs interprètes turcs comme le controversé Cartel, Kool Savaş et Azad.

La France a vu naître un certain nombre d'étoiles nées dans le pays, notamment MC Solaar, Rohff, Rim'K et Booba. Aux Pays-Bas, les rappeurs des années 90 importants incluent The Osdorp Posse, un groupe d'Amsterdam, Extince, d'Oosterhout, et Postmen.

L'Italie a trouvé ses propres rappeurs, dont Jovanotti et Articolo, qui ont acquis une renommée nationale, tandis que la scène polonaise a réellement commencé au début de la décennie avec l'émergence de PM Cool Lee.

En Roumanie, B.U.G. Mafia est originaire du quartier Pantelimon de Bucarest, et leur style de gangsta rap souligne les parallèles entre la vie dans les blocs d'appartements communistes de la Roumanie et les projets de logements des ghettos américains.

Le hip-hop israélien et palestinien a beaucoup gagné en popularité à la fin de la décennie, avec plusieurs stars dont le rappeur palestinien Tamer Nafar et l'Israélien Subliminal qui ont fait leur apparition sur scène.

En Asie, des stars du grand public ont émergé aux Philippines, menées par Francis Magalona, Rap Asia, MC Lara et Lady Diane. Au Japon, où les rappeurs underground avaient auparavant un public limité, des idoles populaires ont introduit un style appelé J-rap au sommet des charts au milieu des années 1990.

Les Latinos ont joué un rôle essentiel dans le développement précoce du hip-hop, et le style s'est répandu dans certaines parties de l'Amérique latine, comme Cuba, dès ses débuts. Au Mexique, le hip-hop populaire a commencé avec le succès de Calo dans les années 1990. Plus tard dans la décennie, des groupes de rap hispaniques comme Cypress Hill se sont fait connaître dans les charts américains, tandis que des groupes de rap rock mexicains tels que Control Machete ont gagné en popularité dans leur pays. Un concert annuel de hip-hop cubain organisé à l'Alamar de La Havane a contribué à populariser le hip-hop cubain à partir de 1995. Le hip-hop a progressivement gagné en popularité à Cuba, principalement grâce au soutien officiel du gouvernement pour tous les musiciens.

La scène hip-hop brésilienne est considérée comme la deuxième plus grande au monde, juste derrière le hip-hop américain. Elle est fortement associée aux inégalités raciales et économiques dans le pays, où de nombreux Noirs vivent dans des situations d'appauvrissement dans les slums violents, connus au Brésil sous le nom de favelas. São Paulo est l'endroit où le hip-hop a commencé dans le pays, mais il s'est répandu dans tout le Brésil, et aujourd'hui, presque toutes les grandes villes brésiliennes, telles que Rio de Janeiro, Salvador, Curitiba, Porto Alegre, Belo Horizonte, Recife et Brasilia, ont une scène hip-hop.

Les MC's Racionais, MV Bill, Marcelo D2, Rappin' Hood, Jay Nanô, Thaíde et Dj Hum, Bonde do Tigrão, Bonde do Rolê, GOG, RZO sont considérés comme les noms les plus influents de l'industrie musicale du hip-hop brésilien.

28

APERÇU DU HIP-HOP DE LA CÔTE OUEST

Après que N.W.A se soit séparé, Dr. Dre a sorti *The Chronic* en 1992, qui a atteint la première place du classement R&B/hip-hop, ainsi que le classement pop, et a donné naissance à un single pop, *"Nuthin' but a "G" Thang"*. *The Chronic* a emmené le rap West Coast dans une nouvelle direction, fortement influencée par les artistes P-funk, mêlant des rythmes funk sensuels à des paroles traînantes. Ce style est devenu connu sous le nom de G-funk et a dominé le hip-hop grand public pendant plusieurs années grâce à un groupe d'artistes sur Death Row Records, dont Tupac Shakur, dont le single *"To Live & Die in LA"* a connu un grand succès, et Snoop Dogg, dont l'album *Doggystyle* comprenait les chansons *"What's My Name"* et *"Gin and Juice"*, toutes deux dans le top 10 des hits.

Loin de cette scène, il y avait d'autres artistes comme *Freestyle Fellowship*, *Le Pharcydé*, ainsi que des artistes plus underground tels que le collectif Solesides *(avec DJ Shadow et Blackalicious, entre autres)*, *Jurassic 5*, *Ugly Duckling*, *People Under the Stairs*, *The Alkaholiks*, et plus tôt, *Souls of Mischief*, qui représentaient un retour aux racines du sampling et aux schémas de rimes bien construits. De même, l'avant-garde du hip-hop West Coast, connue sous le nom de *Anticon*, où des artistes comme *Dose One*, *Sole*, et de nombreux autres créent un hip-hop expérimental qui dépasse le statu quo.

29

APERÇU DU HIP-HOP DE LA CÔTE EST

- Au début des années 1990, le hip-hop de la côte Est américaine était dominé par le collectif Native Tongues, qui comprenait De La Soul avec le producteur Prince Paul, A Tribe Called Quest, The Jungle Brothers, ainsi que leurs affiliés plus ou moins proches : 3rd Bass, Main Source, et les moins connus Black Sheep & KMD. Bien qu'à l'origine, ce mouvement soit une conception de l'âge d'or ("daisy age") mettant en avant les aspects positifs de la vie, des œuvres plus sombres (comme la chanson engagée "Millie Pulled a Pistol on Santa" de De La Soul) ont rapidement fait leur apparition.

- Des artistes tels que Masta Ace (notamment avec son groupe Slaughterhouse) et Brand Nubian, Public Enemy, Organized Konfusion, adoptaient une posture plus ouvertement militante, tant dans leur son que dans leur manière

L'histoire du Hip-Hop

d'être. Biz Markie, surnommé le "clown prince of hip-hop", s'est attiré des ennuis, ainsi qu'à d'autres producteurs de hip-hop, en s'appropriant la chanson "Alone Again, Naturally" de Gilbert O'Sullivan.

- Au milieu des années 1990, des artistes comme le Wu-Tang Clan, Nas, et The Notorious B.I.G. ont accru la visibilité de New York à une époque où le hip-hop était principalement dominé par les artistes de la côte Ouest. La seconde moitié des années 1990 a vu émerger une génération de rappeurs, notamment les membres de D.I.T.C., tels que les regrettés Big L et Big Pun.

- Les productions de RZA, en particulier pour le Wu-Tang Clan, sont devenues influentes auprès d'artistes comme Mobb Deep grâce à la combinaison de boucles instrumentales quelque peu détachées, de batteries hautement compressées et traitées, ainsi qu'à des textes gangsta. Les albums d'affiliés au Wu-Tang comme Raekwon the Chef's "Only Built 4 Cuban Linx" et "Liquid Swords" de GZA sont désormais considérés comme des classiques, au même titre que les œuvres "core" du Wu-Tang.

- Des producteurs tels que DJ Premier (principalement pour Gang Starr, mais aussi pour d'autres affiliés comme Jeru the Damaja), Pete Rock (avec CL Smooth et fournissant des beats à de nombreux autres artistes), Buckwild, Large Professor, Diamond D et The 45 King, ont fourni des beats à de nombreux MC, sans se soucier de leur localisation.

- Des albums comme "Illmatic" de Nas, "Reasonable Doubt" de Jay-Z et "Word...Life" d'O.C. sont composés de beats issus de ce pool de producteurs.

- Plus tard dans la décennie, l'empire Bad Boy Records s'est mesuré à Jay-Z et son label Roc-A-Fella Records, tandis que sur la côte Ouest, Death Row Records faisait de même.

- La rivalité entre les rappeurs de la côte Est et ceux de la côte Ouest est devenue personnelle, en partie alimentée par les médias musicaux.

- Bien que la fin des années 1990 et le début des années 2000 aient été dominées par le "gros business" et les aspects commerciaux du marché, cette période a également vu l'émergence de plusieurs labels indépendants relativement réussis sur la côte Est, tels que Rawkus Records (avec qui Mos Def a connu un grand succès) et plus tard Def Jux. L'histoire de ces deux labels est étroitement liée, le second ayant été fondé par EL-P de Company Flow en réaction au premier, et offrant une plateforme à des artistes plus underground comme Mike Ladd, Aesop Rock, Mr. Lif, RJD2, Cage, et Cannibal Ox. D'autres artistes comme les hispaniques Arsonists et le poète slam Saul Williams ont également connu des fortunes diverses.

30

DIVERSIFICATION DES STYLES

À la fin des années 1990, les styles de hip-hop se sont diversifiés. Le rap du Sud est devenu populaire au début des années 1990 avec les sorties d'albums tels que "3 Years, 5 Months & 2 Days in the Life Of..." d'Arrested Development en 1992, "Soul Food" de Goodie Mob en 1995, et "ATLiens" d'OutKast en 1996. Les trois groupes sont originaires d'Atlanta, en Géorgie. Par la suite, Master P (Ghetto D) a développé un collectif d'artistes appelé No Limit Posse, basé à La Nouvelle-Orléans, au sein de Master P Incorporated. Les groupes de rap avec des influences G-Funk, Miami bass et d'autres sons distinctifs de villes comme Saint-Louis, Chicago, Washington D.C., Détroit et d'autres grandes villes ont gagné en popularité.

Dans les années 1990, des éléments de hip-hop ont continué

à être assimilés dans d'autres genres musicaux populaires. Le Neo Soul, par exemple, combinait hip-hop et soul.

Dans les années 1980 et 1990, le rapcore, le rap rock et le rap métal, des fusions de hip-hop avec le hardcore punk, le rock et le heavy métal, sont devenus des genres de musique rap populaires auprès du grand public. Rage Against the Machine et Limp Bizkit étaient parmi les groupes les plus connus qui ont joué dans ces genres.

L'album "Reaching' (A New Refutation of Time and Space)" de Digable Planets en 1993, qui échantillonnait des artistes de jazz comme Don Cherry, Sonny Rollins, Art Blakey, Herbie Mann, Herbie Hancock, Grant Green et Rahsaan Roland Kirk, a été très influent. Il a donné naissance au single à succès "Rebirth of Slick (Cool Like Dat)", qui a atteint la 16e place du Billboard Hot 100.

Des rappeurs blancs comme les Beastie Boys, House of Pain et 3rd Bass avaient déjà connu un certain succès ou une reconnaissance critique de la part de la communauté hip-hop, mais le succès d'Eminem en 1999 avec son album "The Slim Shady LP", certifié platine, a surpris beaucoup de personnes dans les ghettos.

La popularité de la musique hip-hop s'est poursuivie dans les années 2000. En l'an 2000, "The Marshall Mathers LP" d'Eminem s'est vendu à plus de dix millions d'exemplaires aux États-Unis et est devenu l'album de hip-hop le plus rapidement vendu de tous les temps. Le premier album de

Nelly, "Country Grammar", s'est vendu à plus de neuf millions d'exemplaires. Dans les années 2000, le crunk, un dérivé du hip-hop du Sud, a gagné en popularité grâce à des artistes comme Lil Jon et les Ying Yang Twins.

L'influence du hip-hop s'est également de plus en plus fait sentir dans la pop grand public au cours de cette période, principalement au milieu des années 2000. Sur la côte Est, le nombre d'artistes hip-hop a considérablement augmenté.

Les États-Unis ont également connu le succès du hip-hop alternatif avec des groupes comme The Roots, Dilated Peoples, Gnarls Barkley et Mos Def, qui ont tous atteint une reconnaissance significative. L'album de Gnarls Barkley, "St. Elsewhere", qui fusionnait le funk, le néo-soul et le hip-hop, a fait ses débuts à la 20e place du Billboard 200 Chart.

31

À TRAVERS LE MONDE

La continuation du hip-hop peut également être observée dans divers contextes nationaux. En Tanzanie, les artistes populaires de leur pays au début des années 2000 ont fusionné des styles d'Afrobeat local et des mélodies arabesques, du dancehall et des rythmes hip-hop, ainsi que des paroles en Swahili. En Scandinavie, notamment au Danemark et en Suède, les interprètes sont devenus célèbres en dehors de leur pays, tandis que le hip-hop continuait de se répandre dans de nouvelles régions, notamment en Russie, au Japon, aux Philippines, au Canada, en Chine, en Corée, en Inde et surtout au Vietnam. L'influence sur les nations d'Asie de l'Est est particulièrement notable, où la musique hip-hop s'est mélangée à la musique populaire pour former différents styles tels que le K-pop, le C-pop et le J-pop.

Aux Pays-Bas, MC Brainpower, qui était un rappeur de battle underground, a accédé à la reconnaissance grand public dans le Benelux, influençant de nombreux artistes rap de la région. En Israël, le rappeur Subliminal s'est adressé à la jeunesse israélienne avec des paroles à thème politique et religieux, généralement avec un message sioniste. L'un des pays en dehors des États-Unis où le hip-hop est le plus populaire est le Royaume-Uni. Dans les années 2000, un genre dérivé du hip-hop (ainsi que du UK garage et du drum and bass) connu sous le nom de grime est devenu populaire avec des artistes tels que Dizzee Rascal qui ont connu le succès. Bien qu'immensément populaire, de nombreux politiciens britanniques critiquent cette musique pour ce qu'ils considèrent comme la promotion du vol et du meurtre, similaire au gangsta rap en Amérique. Ces critiques ont été qualifiées de racistes par l'industrie britannique du grime, majoritairement noire. Malgré sa nature controversée, la grime a eu un impact majeur sur la mode et la pop britanniques, avec de nombreux jeunes de la classe ouvrière imitant les vêtements portés par les stars du grime comme Dizzee Rascal et Wiley. Il existe de nombreux sous-genres de grime, notamment Rhythm and Grime, un mélange de R&B et de grime, et grindie, un mélange de rock indépendant et de grime popularisé par le groupe de rock indépendant Hadouken !

Le rap s'est mondialisé dans de nombreuses cultures à travers le monde, comme en témoignent l'émergence de nombreuses scènes régionales. Il a émergé à l'échelle mondiale comme un mouvement basé sur les principes fondamentaux de la culture hip-hop. La musique et l'art continuent d'embrasser, voire de célébrer, ses dimensions transnationales tout en restant fidèles aux cultures locales auxquelles il est rattaché. L'inspiration du hip-hop varie selon les cultures. Cependant, une chose que presque tous les artistes de hip-hop à l'échelle mondiale ont en commun est qu'ils reconnaissent leur dette envers les Afro-Américains de l'État de New York qui ont lancé le mouvement mondial. Alors que le hip-hop est parfois tenu pour acquis par les Américains, il n'en est pas de même ailleurs, en particulier dans le monde en développement, où il est devenu le symbole de l'autonomisation des marginalisés et d'une part du rêve américain. La musique hip-hop américaine a atteint les couloirs culturels du globe et a été absorbée et réinventée à travers le monde.

32

GLITCH HOP ET MUSIQUE BIZARRE

Le Glitch Hop et le Wonky sont des styles musicaux qui ont évolué suite à l'émergence du Trip Hop, du dubstep et de l'IDM. Ces deux genres reflètent souvent la nature expérimentale de l'IDM et les lignes de basse puissantes caractéristiques du dubstep. Alors que le Trip Hop est décrit comme une interprétation britannique de la classe moyenne supérieure du Hip-Hop, le Glitch Hop et le Wonky présentent une bien plus grande diversité stylistique. Les deux genres puisent dans diverses influences : des échos de la pop des années 80, des ragas indiens, du jazz éclectique et du rap West Coast peuvent être entendus dans les productions Glitch Hop. Los Angeles, Londres, Glasgow et d'autres villes sont devenues des lieux importants pour ces scènes, et des mouvements underground ont émergé à travers le monde, notamment dans des communautés plus petites. Ces deux genres rendent fréquemment hommage aux artistes électroniques plus anciens et établis, tels que Radiohead, Aphex Twin et Boards of Canada, ainsi qu'à des producteurs indépendants de Hip-Hop comme J Dilla et Madlib.

Le Glitch Hop est un genre fusionnant le Hip-Hop et la musique glitch, apparu au début et au milieu des années 2000 aux États-Unis et en Europe. Musicalement, il se caractérise par des rythmes irréguliers et chaotiques, des lignes de basse glitchées et d'autres effets sonores typiques de la musique glitch, tels que les sauts. Parmi les artistes Glitch Hop, on compte Prefuse 73 et Flying Lotus.

33

CRUNK ET SNAP MUSIC

Le Crunk s'est originaire dans le sud du hip-hop à la fin des années 1990. Ce style a été pionnier et commercialisé par des artistes de Memphis, Tennessee, et d'Atlanta, Géorgie.

Des rythmes de boîtes à rythmes déstructurés et minimaux sont généralement utilisés. Les Roland TR-808 et 909 font partie des plus populaires. Les boîtes à rythmes sont souvent accompagnées de mélodies synthétisées répétitives et de puissantes lignes de basse. Le tempo de la musique est légèrement plus lent que le hip-hop, approximativement à la vitesse du reggaeton.

Le point central du Crunk est davantage axé sur les rythmes et la musique que sur les paroles. Les rappeurs Crunk, cependant, ont souvent un style vocal agressif et puissant, criant et hurlant leurs paroles. Alors que d'autres sous-genres du hip-hop abordent des thèmes sociopolitiques ou personnels, le Crunk est presque exclusivement une musique de fête, privilégiant les slogans et les appels à la réponse plutôt que des approches plus élaborées.

www.ingramcontent.com/pod-product-compliance
Lightning Source LLC
Chambersburg PA
CBHW072102110526
44590CB00018B/3286